AF384566

# CATALOGUE
# DES LIVRES

DE LA BIBLIOTHÉQUE

## DE FEU M. PERRIN AINÉ,

*Dont la Vente se fera les jeudi 23 et vendredi 24 février 1832, à six heures très précises de relevée, en son hôtel, rue Richelieu, n° 102.*

Les Adjudications seront faites par M<sup>e</sup> GIBÉ, Commissaire-Priseur, rue Vivienne, n° 15.

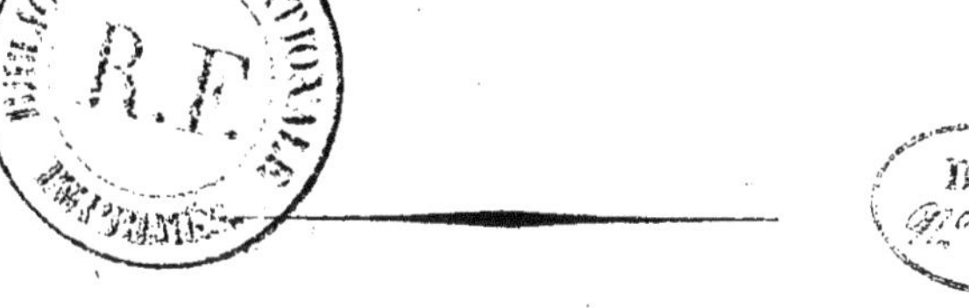


## A PARIS,

Chez DE BURE frères, Libraires de la Bibliothéque du Roi, rue Serpente, n° 7.

1832.

# ORDRE DES VACATIONS.

On pourra voir les Livres tous les jours, depuis une heure jusqu'à trois.

Tous les Livres seront vendus pour complets. On pourra les collationner pendant les deux heures d'exposition ; mais une fois sortis de la salle de vente, on ne les reprendra sous aucun prétexte.

Les livres seront exposés dans l'ordre qui suit :

1<sup>re</sup> vacation, le jeudi 23 février 1832.

$$N° \quad 1 - 50$$
$$79 - 9^3$$

2<sup>e</sup> vacation, le vendredi 24.

$$51 - 78$$
$$94 - 131.$$

1. ani.

Crozet.

p

p.

p.

girod

la morale de jesus christ ar ceo
papier ordinaire

Crozet.

# CATALOGUE
# DES LIVRES

DE LA BIBLIOTHÉQUE

DE FEU M. PERRIN AINÉ.

*C*   1. OEuvres de sainte Thérèse, trad. en franç. par Arnauld d'Andilly. *Lyon*, 1818, 6 *vol. in-*12. *b.*

*C*   2. Le droit des gens, ou principes de la loi naturelle, par de Vattel. *Londres*, 1758, 2 *vol. in-*4. *bas.*

*C*   3. Elémens de législation naturelle, par Perreau. *Paris*, 1807, *in-*8. *br.*

*C*   4. Code administratif des hôpitaux civils, hospices et secours à domicile de la ville de Paris. *Paris*, 1824, 2 *vol. in-*4. *bas.*

5. OEuvres de Sénèque, trad. par Lagrange. *Paris*, 1795, 6 *vol. in-*8. *v. rac.*

*C*   6. OEuvres philosophiques et polit. de T. Hobbes. *Neufchatel*, 1787, 2 *vol. in-*8. *v. r. dent.*

7. Collection des moralistes anciens, publiée par Naigeon, Levesque et Auger ; et la morale de Jésus-Christ. *Paris*, 1782 *et suiv.* 18 *vol. in-*18. *m. r. Pap. fin et Vél.*

Il manque le discours préliminaire de Sénèque, 1 vol.

8. Les Caractères de Théophraste et de la Bruyère, avec des notes par Coste. *Paris*, 1769, 2 *vol. in-*12. *m. r.*

A

*3 - 60*    9. De la Sagesse par Charron. *Paris,* 1789 , 2 *vol. in-8. v. j.*

*3 - -*

10. Mœurs politiques au xix^e siècle, par A. Dumesnil. *Paris,* 1830, *in-8. br. Pap. Vél.*     *C*

11. Discours sur le gouvernement, par A. Sidney, trad. de l'angl. par P. A. Samson. *La Haye,* 1702, 3 *vol. in-12. v. j.*     *C*

*2 - 50*

12. Lettres de Junius, trad. de l'angl. *Paris,* 1791, 2 *vol. in-8. br.*     *C*

13. Présentation des comptes de finances ; réglement définitif du budget de 1827, crédits supplémentaires sur 1828, et fixation du Budget de 1830. *Paris,* 1829, *in-4. br.*     *C*

*2 - 50*    14. Comptes généraux des hôpitaux, hospices civils, secours à domicile, direction des nourrices, et enfans abandonnés de la ville de Paris, 1807 et 1808. *Paris,* 2 *vol. in-4. br. et cart.* = Mémoire historique sur l'hospice de la Maternité. *Paris,* 1808, *in-4. br.*     *C*

*130 - —*    15. Histoire naturelle, générale et particulière, par de Buffon et d'Aubenton. *Paris, impr. roy.* 1749 *et suiv.* 36 *vol. in-4. fig. v. m. aux armes de France.* Savoir : Histoire naturelle, 15 *vol.* = Supplément, 6 *vol.* = Oiseaux, 9 *vol.* = Minéraux, 6 *vol.*

*10 - —*    16. Etudes de la Nature, par J. H. Bernardin de Saint-Pierre. *Paris,* 1797, 5 *vol. in-8. fig. dem. rel. dos de m. r. non rogné. Pap. Vél.*

*12 - -*    17. Dictionnaire d'histoire naturelle, par Valmont de Bomare. *Lyon,* 1791 , 15 *vol. in-8. v. j.*
Il manque le tome 1^er.

*31 - 50*    18. Essai sur la physiognomonie, par J. G. Lavater. *La Haye,* (1783,) *les tomes* 1 *à* 3, *in-4. fig. m. bl.*

*90 - —*    19. Encyclopédie, ou dictionnaire raisonné des sciences, des arts et des métiers, publié par Diderot et d'Alembert. *Paris,* 1751, 35 *vol. in-fol. fig. v. m.*

p.

p.

p.

14. f.ie. x$^+$

perruchon

p.

chimot.

idem

Dubois.

auvray

auvray

23. fie. az

porquet -

~~avec~~ Crozat.

p.

p.

p.

Dalin

p.

20. Choix d'édifices publics, construits ou projetés en France, par MM. Gourlier, Biet, Grillon et Tardieu. *Paris*, 1826, *in-fol. fig. Pap. Vél.*
Les livraisons 1 à 18.

21. Vues pittoresques des principaux châteaux des environs de Paris et des départemens, par Blancheton. *Paris, 1826, et suiv. in-fol. dem. rel. dos de m. bl. non rogné.*

22. Les plus beaux édifices de la ville de Gênes et de ses environs, par M. P. Gauthier. *Paris,* 1818, *in-fol. fig. en cahiers.*
18 livraisons; ouvrage complet.

23. Mémoires pour servir à l'histoire de la campagne de 1814, par F. Koch. *Paris,* 1819, 3 *vol. in-8. et atlas in-fol. dem. rel. dos de m. r.*

24. Cours d'étude pour l'instruction du prince de Parme, par de Condillac. *Aux Deux-Ponts,* 1782, 13 *vol. in-8. v. porph. Gr. Pap.*

25. Le monde primitif analysé et comparé avec le monde moderne, par A. Court de Gebelin. *Paris,* 1773 *et suiv.* 9 *vol. in-4. v. m. et v. éc.*

26. Grammaire élémentaire, par P. A. V. De Lanneau. *Paris*, 1824, *in-12. bas.* = Cours ou leçons pratiques de grammaire française, par le même. *Paris,* 1824, *in-12. bas.*

27. Des Tropes, par Du Marsais. *Paris,* 1730, *et autres pièces du même, rel. en* 1 *vol. in-8. v. m.*

28. Nouveaux synonymes françois, par Roubaud. *Paris,* 1785, 4 *vol. in-8. v. m.*

29. Dictionnaire de l'Académie française. *Paris,* 1793, 2 *vol. in-4. v. j.*

30. Anacréon, Sapho, Bion et Moschus, avec Héro et Léandre, poëme de Musée, trad. par Moutonnet de Clairfonds. *Paris,* 1780, *in-8. fig. v. f. dent.*

31. L'Iliade et l'Odyssée d'Homère, trad. par Bitaubé. *Paris,* 1780, 6 *vol. in-8. m. r.*

*15 - 50* 32. Lucrèce, de la nature des choses, trad. par Lagrange, avec le texte latin. *Paris, Didot jeune, an* II, (1794,) 2 *vol. in-4. fig. m. r. dent. Pap. Vél.*

*9 - 50* 33. Elégies de Tibulle, trad. par Mirabeau, avec le texte en regard. *Paris, an* III, (1795,) 3 *vol. in-8. v. rac. dent. fig. coloriées. Pap. Vél.*

*34 - —* 34. OEuvres de Virgile, trad. de Desfontaines. *Paris,* 1796, 4 *vol. in-8. fig. m. r. dent. Pap. Vél.*

*7 - 20* 35. OEuvres d'Horace, trad. en franç. avec le texte C en regard et des remarques, par Dacier. *Paris,* 1709, 10 *vol. in-12. v. f.*

*20 - —* 36. Les Métamorphoses d'Ovide, en latin et en franç. trad. par Banier, avec des estampes gravées par Lemire et Basan. *Paris,* 1767, 4 *vol. in-4. fig. v. f.*

*1 - — —* 37. Satires de Perse et de Sulpicia, trad. en vers C franç. avec le texte en regard, par A. F. Théry. *Paris,* 1827, *in-12. br. Pap. Vél.*

*2 - 55* 38. La Pharsale de Lucain, trad. en vers par Brebeuf, accompagnée du texte. *Paris,* 1796, 2 *vol. in-8. fig. dem. rel.*

*14 - 50* 39. Contes et nouvelles en vers, par J. de la Fontaine. *Amst.* 1762, 2 *vol. in-8. fig. v. éc.*

*40 - —* 40. Fables choisies, mises en vers, par J. de la Fontaine, (avec les figures d'Oudry.) *Paris,* 1755, 4 *vol. in-fol. v. éc. dent.*

*17 - 50* 41. OEuvres de N. Boileau Despréaux, publiées par de Saint-Marc. *Paris,* 1747, 5 *vol. in-8. fig. v. f.*

*4 - 50* 42. OEuvres de Chaulieu. *Paris,* 1757, 2 *tom. en* 1 *vol. petit in-12. v. m.*

43. OEuvres complètes de P. J. Bernard. *Paris, Didot jeune, an* III, (1795,) *in-8. fig. m. r. dent. Pap. Vél.*

*1 - 50* 44. Pièces fugitives, par P. Pierry. *Paris, Didot,* 1805, *in-8. v. rac. dent. Pap. Vél.*

*1 - — 44 double* — —

De Mello

idem

Dogny

Labitte

p.

p.

Labitte

D'ogny.

porquet.

Dabin

p.

girad.

p.

P.
D'ogny

Idem

Delamarre —
idem —
D'ogny
Idem

Idem

Dutot.

P.

D'ogny

P.

P.

P.

chinet.

Idem

45. Recherches sur les théâtres de France, par de Beauchamps. *Paris*, 1735, 3 *vol. petit in-8. v. m.*

46. OEuvres de Molière, avec les commentaires de Bret. *Paris*, 1788, 6 *vol. in-8. fig. v. éc.*

47. Théâtre de P. Corneille, avec des commentaires, (par Voltaire. *Genève*,) 1764, 12 *vol. in-8. fig. v. éc.*

48. Le même de la même édition. 12 *vol. in-8. fig. v. m.*

49. Théâtre de Quinault. *Paris*, 1715, 5 *vol. in-12. fig. v. b.*

50. OEuvres de J. Racine, avec des commentaires, par Luneau de Boisjermain. *Paris*, 1768, 7 *vol. in-8. fig. v. f. dent.*

51. OEuvres de J. F. Regnard. *Paris, Maradan*, 1790, 4 *vol. in-8. fig. m. r. dent. tabis. Pap. Vél.*

52. OEuvres complètes de Crébillon. *Paris*, 1785, 3 *vol. in-8. fig. v. f. Gr. Pap.*

53. Roland furieux, poëme, trad. de l'italien de l'Arioste, par d'Ussieux. *Paris*, 1775, 4 *vol. in-8. fig. v. f.*

54. Jérusalem délivrée, poëme, trad. de l'italien du Tasse, (par le Brun.) *Paris*, 1774, 2 *vol. gr. in-8. fig. v. f.*

55. Le Cabinet des fées. *Paris*, 1785, *les tomes* 1 à 12, *in-8. fig. m. r.*

56. Collection des romans grecs, trad. en franç. avec des notes, par Courier, Larcher, etc. *Paris, Merlin*, 1822, *les tomes* 1, 2, 9 *et* 11, 4 *vol. in-*18. *br.*

Ces 4 vol. contiennent Parthenius; Habrocome et Anthia; Chéréas et Callirhoé, t. 1er; Théagènes et Chariclée, t. 1er.

57. Les Amours pastorales de Daphnis et Chloé, trad. du grec de Longus, par Amyot. *Paris*, 1745, *in-8. m. r. dent. fig. du duc d'Orléans, régent.*

58. L'historial du Jongleur, chroniques et lé-

gendes françaises, publ. par MM. F. Langlé et E. Morice. *Paris, F. Didot, 1829, in-8. goth. fig. en bois, br.*

28 - - 59. Les Aventures de Télémaque, par de Fénelon. *Paris, Didot jeune, 1790, 2 vol. gr. in-8. m. r. dent. tabis. fig. de Marillier, et celles de Cochin pour les six premiers livres, avant la lettre.*

4 - 60 60. La nouvelle Héloïse, par J. J. Rousseau. *Neufchâtel, 1764, 4 vol. in-12. fig. v. f.*

2 - 80 61. Le Temple de Gnide, par de Montesquieu, avec fig. d'après Eisen, et le texte gravé par Drouet. *Paris, 1772, gr. in-8. m. r. tabis.*

5 - - 62. Le Don Quichotte romantique, ou voyage du docteur Syntaxe, trad. de l'angl. par M. Gandais. *Paris, 1821, gr. in-8. dem. rel. dos de m. vert. non rogné. 25 planches.* C

12 - - 63. Mélanges de philosophie, d'histoire et de littérature, par M. de Féletz. *Paris, 1828, 6 vol. in-8. br.* C

3 - 35 64. OEuvres de Gresset. *Paris, 1793, 2 vol. in-8. fig. bas. Pap. Vél.*

8 - 95 65. OEuvres d'Helvétius. *Paris, 1795, 5 vol. in-8. v. m.*

13 - - 66. OEuvres choisies de Le Sage. *Paris, 1783, 15 vol. in-8. fig. v. porph.*
Il manque le tome 1er.

16 - 50 67. Collection complète des œuvres de Mably. *Paris, an III, (1794,) 15 vol. in-8. v. rac.*

8 - - - 68. Les Essais de Michel de Montaigne. *Paris, 1793, 3 vol. in-8. v. m.*

23 - 50 69. OEuvres de Montesquieu. *Paris, 1796, 5 vol. in-4. fig. dem. rel. dos de m. r. Pap. Vél.*

10 - 5 70. OEuvres de Charles Palissot. *Paris, 1788, 4 vol. in-8. fig. v. f. dent. Pap. Vél.*

44 - 95 71. OEuvres choisies de l'abbé Prévost. *Paris, 1783, 39 vol. in-8. fig. v. porph.*

63 - - 72. OEuvres de J. J. Rousseau. *Paris, 1788, 38 vol.*

p.

p.

p.

chimet.


63. fie. ax⁺

p.

p.


66. fie. mit⁺

p.

Dutot.

perquet.

Dutot.


D'ogny                71. fie. xit⁺

7 3. fis. ah+

revendu pour des cartes dechirées
la reliure de li vol - gatie
la reliure gatée

Labitte

p.

Delamarre

Labitte

porquet.

p.

p.

~~aubray~~ p.

p.

aubray

porquet.

Crozet.

porquet.

*in-8. fig. dem. rel. dos de m. r. non rogné. Pap.
Vél.*

73. OEuvres de P. Scarron. *Paris,* 1786, 7 *vol. in-8.
bas.*

74. OEuvres poissardes de J. J. Vadé, suivies de
celles de l'Écluse. *Paris,* 1796, *gr. in-4. cart. fig.
en couleurs. Pap. Vél.*

75. OEuvres complètes de Voltaire. *Kehl,* 1785,
92 *vol. in-12. dem. rel. dos de m. r. fig. de Mo-
reau,* 1*re suite. non rogné. Gr. Pap. Vél.*

76. OEuvres de Salomon Gessner. *Paris,* 1799,
4 *vol. in-8. fig. cart. Pap. Vél.*

77. OEuvres complètes d'Alex. Pope, trad. en franç.
*Paris,* 1779, 8 *vol. in-8. fig. m. r. dent. tab. Pap.
de Holl.*

78. C. Plinii Secundi epistolæ et panegyricus Tra-
jano dictus, recens. J. N. Lallemand. *Paris.
Barbou,* 1769, *in-12. v. m.*

79. Nouvelle géographie méthodique, par A. Meis-
sas. *Paris,* 1827, *in-12. fig. cart.*

80. Atlas universel, par Robert de Vaugondy.
*Paris,* 1757, *in-fol. v. rac.* — — — — — —

81. Histoire générale des Voyages, par l'abbé Prévost. *Paris,* 1746, 20 *vol. in-4. fig. v. m.*

82. Encyclopédie des Voyages, contenant l'abrégé
historique des mœurs, usages, etc. de tous les
peuples, par J. Grasset Saint-Sauveur. *Paris,*
1796, 5 *vol. in-4. v. m. fig. color.*

83. Voyage autour du Monde, (en 1785-1788,)
par J. F. Galaup de la Pérouse, publié par
L. A. Millet-Mureau. *Paris, an* v, (1797,) 4 *vol.
in-4. et atlas in-fol. cart. Lettres grises.*

84. Voyage en Italie, par De Lalande. *Paris,* 1786,
9 *vol. in-12. et atlas in-4. br.*

85. Voyage pittoresque ou description des royaumes
de Naples et de Sicile, ( par Richard de Saint-

Non.) *Paris*, 178r, 5 *vol. in-fol. fig. m. r. dent. tabis.*

86. Voyage aux Indes orientales et à la Chine, depuis 1774 jusqu'en 1781, par Sonnerat. *Paris*, 1782, 2 *vol. in-4. fig. v. m.*

87. Voyage de Levaillant dans l'intérieur de l'A-frique. *Paris*, 1790, 2 *vol. in-8. fig. v. m.*

88. Second voyage dans l'intérieur de l'Afrique, par F. Levaillant. *Paris, an* III, (1795,) 3 *vol. in-8. fig. v. m.*

89. Voyage d'Antenor en Grèce et en Asie, par Lantier. *Paris*, 1798, 3 *vol. in-8. v. éc.*

90. L'art de vérifier les dates des faits historiques, des Chartes, etc. (publié par D. F. Clément.) *Paris*, 1783, 3 *vol. in-fol. v. m.*

91. Histoire universelle, trad. de l'angl. par une société de gens de lettres. *Paris*, 1779, 126 *vol. in-8. fig. v. m.*

92. Histoire des Juifs, par Fl. Joseph, trad. du grec, par Arnauld d'Andilly. *Bruxelles*, 1701, 5 *vol. in-8. fig. m. vert.*

93. Voyage du jeune Anacharsis en Grèce, par Barthélemy. *Paris*, 1788, 7 *vol. in-8. et atlas in-4. m. r. dent.*

94. Traduction des ouvrages de Tacite, par de la Bleterie et J. H. Dotteville. *Paris*, 1788, 7 *vol. in-12. v. f.*

95. Discours historiques, crit. et polit. sur Tacite, trad. de l'angl. de T. Gordon. *Amst.* 1751, 3 *vol. in-12. v. m.* = Discours sur Salluste, trad. de l'angl. du même. 1759, 2 *vol. in-12. v. r.*

96. Histoire romaine de C. Velléius Paterculus, trad. en franç. avec le texte en regard, par M. Des-prés. *Paris, Panckoucke*, 1825, *in-8. br.*

97. Histoire des chevaliers de Malte, par de Vertot. *Paris*, 1757, 7 *vol. in-12. v. m.*

98. Essais historiques sur les mœurs des François,

Bogne de faye

Laloy                                    87. fie. i+
                                         88. fie. e+

p.

Labitte                                  90. fif. a22+

Dabins


D'ogny                                   92. Bru.

p.

p.

p.                                       96. fie. p+. y

p.

pages

Delamarre

p.

p.

Dutot.

parquet.

p.

meunier

idem

idem


chimot.

p.

p.

ou traduction abrégée de toutes les chroniques, etc. par E. L. Billardon Sauvigny. *Paris*,
1785, 10 *vol. in-8. fig. m. vert. dent.*

99. Histoire de France, par Velly, Villaret et Gar-
nier. *Paris*, 1757, 28 *vol. in-12. v. m.*
Il manque le tome 1er.

100. Histoire et règne de Charles vi, par M^lle de
Lussan. *Paris*, 1753, 9 *vol. in-12. v. m.*

101. Histoire et règne de Louis xi, par M^lle de Lussan. *Paris*, 1755, 6 *vol. in-12. v. m.*

102. Mémoires de Maximilien de Béthune, duc de
Sully. *Londres*, (*Paris*,) 1752, 8 *vol. in-12. v. m.*

103. Mémoires du cardinal de Retz, de G. Joly et
de la duchesse de Nemours. *Genève*, 1751, 7 *vol.
petit in-12. v. m.*

104. Mémoires et Lettres de M^me de Maintenon,
(publ. par la Beaumelle.) *Amst.* 1755, 15 *vol.
in-12. v. m.*

105. Le siècle de Louis xiv, par Voltaire. 1768,
4 *vol. in-8. v. m.*

106. La Cour et la Ville sous Louis xiv, Louis xv
et Louis xvi, par F. Barrière. *Paris*, 1830,
*in-8. br.*

107. Mémoires politiques et militaires, pour servir
à l'histoire de Louis xiv et de Louis xv, com-
posés sur les pièces originales recueillies par
A. M. duc de Noailles, par l'abbé Millot. *Paris*,
1777, 6 *vol. in-12. v. j.*

108. Louis xvi et ses vertus aux prises avec la per-
versité de son siècle, par Proyart. *Paris*, 1808,
5 *vol. in-8. dem. rel.*

109. Paris, Versailles et les provinces au xviii^e siècle.
*Paris*, 1817, 3 *vol. in-8. dem. rel.*

110. Description historique de Paris, par Beguil-
let, avec les fig. de Martinet. *Paris*, 1779, 3 *vol.
in-4. fig. v. m.*

*10 — —* 111. Tableau de Paris, par Mercier. *Paris,* 1782, 12 *tomes en* 6 *vol. in-8. v. m.*

*9. 6 —* 112. Essais historiques sur les états-généraux de la province de Languedoc, par Trouvé. *Paris,* 1818, 2 *vol. in-4. fig. br.*

*8. 95* 113. Mémoires du duc de Rovigo, pour servir *C* à l'histoire de Napoléon. *Paris,* 1828, 8 *vol. in-8. br.*

Il manque le tome 1ᵉʳ.

*5 - 5* 114. Les Cent-Jours; mémoires pour servir à l'his- *C* toire de la vie privée, du retour et du règne de Napoléon en 1815, par Fleury de Chaboulon. *Londres,* 1820, 2 *vol. in-8. v. r. dent.*

*9. 14 —* 115. Mémoires historiques, politiques et litté- *C* raires sur le royaume de Naples, par le comte Orloff. *Paris,* 1819, 5 *vol. in-8. dem. rel.*

*5 - 55* 116. Histoire des révolutions d'Espagne, par le P. d'Orléans. *Paris,* 1737, 5 *vol. in-12. v. b.* = Histoire des révolutions d'Angleterre, par le même. *Paris,* 1762, 4 *vol. in-12. v. m.*

*5 - 10* 117. Tableau de la Constitution du royaume d'An- *C* gleterre, par G. Custance, trad. de l'angl. *Paris,* 1817, *in-8. br.*

*10 — —* 118. Essai sur l'histoire ancienne et moderne de *C* la nouvelle Russie, par G. de Castelnau. *Paris,* 1820, 3 *vol. in-8. fig. dem. rel.*

*19. 80* 119. Histoire philosophique et politique de l'éta- blissement et du commerce des Européens dans les deux Indes, par G. T. Raynal. *Genève,* 1780, 10 *vol. in-8. et atlas in-4. dem. rel. dos de m. r. non rogné.*

*30 -* 120. Le même ouvrage, avec le supplément, par *C* Peuchet. *Paris,* 1820, 11 *vol. in-8. et atlas in-4. dem. rel. Pap. Vél.*

*2. 60* 121. Lettres sur l'Egypte, par Savary. *Paris,* 1785, 3 *vol. in-8. fig. v. m.*

Dabin

chimot.

p

chimet.

p

p

p

avec 17 brochures.

D'agny

p

112. fie. n[+]

115. fis. alt[+]

LeBd.

chimot.

p.

D'ofmont.

p.

Deville

128 Sauv.

129. fils. aet

Dulot

p.

p.

122. Les restes de l'ancienne Rome, mesurés sur les lieux, et gravés par B. d'Overbeke. *La Haye,* 1763, 3 *vol. in-fol. fig. cart.*

123. Le Antichita di Ercolano, esposte con qualche spiegazione, ( da O. A. Bayardi.) *Napoli,* 1757, 9 *vol. in-fol. fig. bas.*

C   124. Mémoires secrets pour servir à l'histoire de la République des Lettres en France, par de Bachaumont. *Londres,* 1777, 36 *tomes en* 18 *vol. in-12. dem. rel.*

125. Nouveau dictionnaire historique, par une société de gens de lettres. *Caen,* 1789, 9 *vol. in-8. v. éc.*

126. OEuvres de Plutarque, trad. du grec, par J. Amyot, avec des notes, par Brotier. *Paris,* 1783, 22 *vol. in-8. fig. dem. rel. dos de m. r. non rogné. Pap. de Hollande.*

127. Vies des Hommes illustres, trad. du grec de Plutarque, par Dacier. *Amst.* 1724, 9 *vol. in-12. m. r.*

128. Abrégé historique des principaux traits de la vie de Confucius, en 24 estampes gravées par Helman, d'après les dessins originaux de la Chine. *Paris, in-4. cart.*

129. OEuvres de Brantôme. *Paris,* 1787, 8 *vol. in-8. v. m.*

C   130. Galerie des contemporaines, ou collection de portraits des femmes célèbres depuis la fin du XVIIIe siècle, avec des notices hist. publ. par MM. Chabert et Hennet fils. *Paris,* 1826, *in-fol. fig. Pap. Vél. en cahiers.*
Les livraisons 1 à 8.

C   131. Mémoires de Louis-Antoine-Philippe d'Orléans, duc de Montpensier. *Paris, Baudouin,* 1824, *in-8. tiré sur pap. in-4. br. Pap. Vél.*
Il n'a été tiré que cinq exemplaires de ce format.

## FIN.

# LIVRES NOUVEAUX,

*Publiés par* De Bure *frères, Libraires de la Bibliothéque du Roi, rue Serpente, n° 7; et Extrait de leur Catalogue de Livres de fonds.*

Grammaire arabe, par M. de Sacy; 2ᵉ édition, corrigée et augmentée, à laquelle on a joint un Traité de la prosodie et de la métrique des Arabes. *Paris, Imp. Roy.* 1831, 2 *vol. gr. in-8. br.*.......... 42 fr.

— La même, *Pap. Vél.* dont il n'a été tiré que quelques exemplaires, 2 *vol. cart.*.................... 65 fr.

Il a été tiré séparément des exemplaires du traité de la prosodie, pour les personnes qui voudront le joindre à la première édition, 1 *vol. in-8 de 52 pages, avec des tableaux, br.*.................. 4 fr.

Ulysse-Homère, ou du véritable auteur de l'Iliade et de l'Odyssée, par Constantin Koliades, professeur dans l'université Ionienne, avec un supplément d'une feuille. *Paris,* 1829, *in-fol. gr. raisin vél. cart. avec* 20 *lithographies représentant des vues, cartes et plans*.... 24 fr.

Recherches sur Louis de Bruges, seigneur de la Gruthuyse, par l'auteur de la Notice sur Colard Mansion. *Paris,* 1831, *gr. in-8. fig. cart. Pap. Vél.*................................ 15 fr.

— Les mêmes, *in-8. cart. Gr. Pap. Vél.* Tiré à un petit nombre d'exemplaires.............................. 25 fr.

Recherches sur les arts et métiers et les usages des anciens peuples de l'Égypte, de la Nubie et de l'Éthiopie, par M. F. Cailliaud, auteur du voyage à Méroé. *Paris,* 1831, 2 *vol. gr. in-4. Pap. Vél.* dont un de planches coloriées.

— Les planches seront publiées en 13 livraisons. Prix de chacune. 8 fr.

— Le volume de reste, avec une carte, se vendra............ 15 fr.

Les livraisons 1, 2 et 3 des planches paraissent.

Lettre à M. le duc de Luynes sur les graveurs des monnaies grecques, par M. Raoul Rochette. *Paris, Impr. Roy.* 1831, *gr. in-4. br. avec* 4 *planches*.............................. 10 fr.

Voyage dans la Macédoine, par M. E. M. Cousinery. *Paris,* 1832, 2 *vol. in-4. br. avec* 27 *planches de vues, de monumens d'architecture et de médailles*.............................. 40 fr.

Ancient coins of greek cities and kings, from various collections principally in Great Britain; illustr. and explained by J. Millingen. *London,* 1831, *gr. in-4. fig. br. Pap. Vél.*................ 21 fr.

Notice sur D. Gonzalo O'Farrill, lieutenant-général des armées du roi d'Espagne; son ministre de la guerre, etc. par D. Andrès Muriel. *Paris,* 1831, *in-8. br.*.............................. 2 fr.



Chrestomathie arabe, ou Extraits de divers écrivains arabes, tant en prose qu'en vers, avec une traduction française et des notes, 2ᵉ édit. corrigée et augmentée. *Paris, Imp. R.* 18.., 3 *vol. gr. in-8. br.* 63 fr.

— La même, 3 *vol. Pap. Vél.*.................... 100 fr.

— La même, *tome III*.................... 21 fr.

# LIVRES NOUVEAUX.

Anthologie grammaticale arabe, ou morceaux choisis de divers auteurs arabes, avec une traduction française et des notes. *Paris, Imp. Roy.* 1829, *gr. in-8. br.* .................................................... 25 fr.
— La même, *Pap. Vél.* ............................................. 36 fr.
Ce volume fait suite à la Chrestomathie arabe.

Calila et Dimna, ou Fables de Bidpaï, en arabe, précédées d'un Mémoire sur l'origine de ce livre, et suivies de la Moallaka de Lebid, en arabe et en français. *Paris, Impr. Roy.* 1816, *in-4. br.* ...... 20 fr.
— Le même, *Pap. Vél.* ............................................. 30 fr.

Pend-Naméh, ou le Livre des Conseils, de Férid-eddin Attar, en persan et en français. *Paris, Impr. Roy.* 1819, *in-8. br.* ............... 20 fr.
— Le même, *Pap. Vél.* ............................................. 30 fr.

Testament de Louis XVI, avec une traduction arabe. *Paris, Imp. Roy.* 1820, *in-12. br.* ................................................... 2 fr. 50 c.
— Le même, *Pap. Vél.* ............................................. 5 fr.

Les Séances de Hariri, publiées en arabe, avec un Commentaire choisi. *Paris, Impr. Roy.* 1822, *in-fol. br.* ............................... 60 fr.
— Les mêmes, *Pap. Vél.* ........................................... 90 fr.
— Les mêmes, *la seconde partie séparément* ...................... 30 fr.

Recherches hist. et crit. sur les Mystères du Paganisme, par M. le baron de Sainte-Croix, 2e édition, revue et corrigée par M. de Sacy, dédiée au Roi. *Paris*, 1817, 2 *vol. in-8. br. avec 2 planches* .... 15 fr.
— Les mêmes, *Pap. Vél.* ........................................... 25 fr.

Mémoires sur diverses Antiquités de la Perse. *Paris, de l'Imprimerie de Louvre*, 1793, *in-4. fig. br.* ...................................... 15 fr.
— Les mêmes, *Pap. Fort.* .......................................... 21 fr.

OUVRAGES DE M. AUGUSTIN CAUCHY, MEMBRE DE L'ACADÉMIE ROYALE DES SCIENCES DE L'INSTITUT, etc.

Cours d'Analyse de l'Ecole royale Polytechnique. *Paris, Imp. Roy.* 1821, *in-8. br.* Le tome premier ......................... 6 fr.

Mémoires sur les Intégrales définies prises entre des limites imaginaires. *Paris*, 1825, *in-4. brochure de 68 pages* ................ 3 fr. 50 c.

Exercices de Mathématiques. *Paris*, 1826, 1827, 1828 et 1829, quatre années formant 48 Numéros, *in-4* ............................. 72 fr.
Les mêmes, cinquième année, nos 49 à 51.
Chaque Numéro se vend séparément, à mesure qu'il paraît. 1 f. 50 c.
Chaque Année se vend aussi séparément. .................. 18 fr.

Leçons sur les Applications du Calcul infinitésimal à la Géométrie. *Paris, Imp. Roy.* 1826 et 1828, 2 *vol. in-4 br.* .............. 12 fr.
Le tome 2, 1828, *in-4. br.* ................................. 4 fr.

Mémoire sur l'application du Calcul des Résidus à la solution des problèmes de physique mathématique. *Paris*, 1827, *in-4. br.* .. 3 fr. 50 c.

Leçons sur le Calcul différentiel. *Paris*, 1829, *in-4. br.* ....... 10 fr.

Mémoire sur la résolution des équations numériques, et sur la théorie des éliminations. *Paris*, 1829, *in-4. br.* ...................... 3 fr.
Ce Mémoire forme les nos 40 et 41 des exercices mathématiques, et se vend séparément.

Mémoire sur la Théorie de la Lumière. *Paris*, 1830, *in-8* ...... 75 c.

Mémoire sur la dispersion de la Lumière. *Paris*, 1830, *in-4. br.* ..... 2 fr.

Fragmens relatifs à la religion de Zoroastre, en persan, publ. par
J. Mohl. *Paris, Impr. Roy.* 1829, *in-8. br*................ 3 fr.
Astronomie solaire d'Hipparque, par J. B. P. Marcoz. *Paris*, 1828,
*in-8. br*.............................................. 7 fr.
Anthologie arabe, ou Choix de poésies arabes inédites, traduites pour
la première fois en français, avec le texte et des notes, par M. Gran-
geret de la Grange. *Paris, Impr. Roy.* 1828, *in-8. br*........ 10 fr.
— La même, *Pap. Vél. cart*............................. 15 fr.
Confucii Chi-King, sive liber carminum ; ex latina P. Lacharme inter-
pret. edidit. J. Mohl. *Stuttgardiæ*, 1830, *in-8. br*......... 5 fr. 50 c.
Rudimens de la langue hindoustani, à l'usage des élèves de l'école royale
et spéciale des langues orientales vivantes, par M. Garcin de Tassy.
*Paris, Imp. Roy.* 1829, *in-4. br*........................ 9 fr.
Contes Turcs, en langue turque, extraits du roman intitulé : *les Qua-
rante Visirs*, par Belletête. *Paris*, 1812, *in-4. br*........... 8 fr.
— Les mêmes, *Pap. Vél*................................ 15 fr.
De Syntipa et Cyri filio Andreopuli narratio gr. edita et notis illustrata
à J. F. Boissonade. *Parisiis*, 1828, *in-12. br*.............. 4 fr.
Collection des meilleurs auteurs italiens, soit en vers, soit en prose,
regardés comme classiques, imprimés chez Prault, Delalain et Mo-
lini. 44 *vol. petit in-12. br*............................. 100 fr.
      Tous les auteurs se vendent séparément.
Géographie des Grecs analysée, par M. Gossellin. *Paris*, 1790. = Recherches sur la géographie des anciens, par le même. *Paris*, 1798,
5 *vol. gr. in-4.* avec 60 *cartes géogr. br. en cart*............ 96 fr.
Recherches sur la géographie des anciens, 4 *vol. in-4*......... 75 fr.
— Les mêmes, tomes 3 et 4, 2 *vol. in-4*................... 42 fr.
Voyage à Meroë, au Fleuve Blanc, au-delà de Fazoql, dans le midi du
royaume de Sennar ; à Syouah et dans cinq autres Oasis, dans les
années 1819 à 1822, par M. F. Cailliaud. *Paris*, 1823 à 1827, 2 *vol.
de planches en noir, in-fol.* et 4 *vol. de texte in-8. fig color.* .. 300 fr.
— Les quatre volumes de texte, seuls, *fig. noires* ............ 30 fr.
— Les mêmes, *fig. color*. .............................. 35 fr.
L'Espagne sous les Rois de la Maison de Bourbon, depuis Philippe V
jusqu'à la mort de Charles III ; trad. de l'anglais de W. Coxe, par
M. Muriel. *Paris*, 1827, 6 *vol. in-8. br*.................. 40 fr.
Description des Médailles grecques, par M. Mionnet. *Paris*, 1806, *in-8.*
Les tomes 3, 4, 5, 6 ; 4 *vol. br. fig*..................... 81 fr.
Recueil de Planches pour les 6 vol. *in-8. br*. ............... 30 fr.
Supplément aux Médailles grecques. *Paris*, 1819 à 1830 ; les tomes 1
à 5, *in-8. fig. br*...................................... 128 fr.
— Le même Supplément, tome V, 1830, *br*................ 24 fr.
De la Rareté et du Prix des Médailles romaines, par M. Mionnet ; se-
conde édition, considérablement augmentée. *Paris*, 1827, 2 *vol. in-8.
fig. br*................................................ 33 fr.

DE L'IMPRIMERIE DE CRAPELET,
rue de Vaugirard, n° 9.